Heike Baum

Ich will aber jetzt!

Vom Umgang mit Frust, Ungeduld und Trotz

Kösel

HEIKE BAUM

Die Autorin, geboren 1963, ist Spielpädagogin, Gruppendynamikerin und Supervisorin (DGSv). Als freiberufliche Fortbildnerin leitet sie seit mehr als zehn Jahren Seminare für MitarbeiterInnen aller pädagogischer und therapeutischer Praxisfelder. Ihr Schwerpunkt dabei sind emotionale Themen wie Trauer, Wut und Angst. Aufgrund ihrer langjährigen beruflichen Erfahrung mit Kindern und Jugendlichen sind ihr die häufig unbeachteten intrapsychischen und emotionalen Themen dieses Alters besonders wichtig.

Als Autorin ist sie bekannt durch ihre vielfältigen Veröffentlichungen von pädagogischen und spielpädagogischen Fachbüchern, die sich häufig innovativen und neuen Themen widmen, sowie durch ihre Brettspiele.

Danken möchte ich meiner Lektorin Heike Mayer, die mit ihrer konsequenten Fachlichkeit und mit ihrer konstruktiven und fruchtbringenden Kritik großen Anteil an der hohen Qualität dieses Buches hat.

Erziehungsarbeit wird nach wie vor überwiegend von Frauen geleistet. Daher ist in diesem Buch der leichteren Lesbarkeit wegen grundsätzlich von weiblichen Erwachsenen die Rede. Männliche Leser mögen sich bitte mit angesprochen fühlen.

© 2003 by Kösel-Verlag GmbH & Co., München
Printed in Germany. Alle Rechte vorbehalten
Druck und Bindung: Kösel, Kempten
Umschlag: Kaselow Design, München
Umschlagmotiv: Agentur Kunterbunt/Heidi Velten, Leutkirch-Ausnang
Illustrationen: Heike Herold
ISBN 3-466-30606-X

*Gedruckt auf umweltfreundlich hergestelltem Bilderdruckpapier
(säurefrei und chlorfrei gebleicht)*

Inhalt

Vorwort

Der Schlüssel zu allem ist Geduld.
Nicht durch Aufschlagen,
sondern durch Ausbrüten
wird aus einem Ei ein Küken.

SPRICHWORT

Liebe Leserinnen, liebe Leser,

Geduld haben ist schwer. Für Kinder ebenso wie für Erwachsene. Warum kann Lea nicht endlich verstehen, dass sie nicht jedes Mal ihren Kopf durchsetzen kann, denken wir vielleicht, während die Dreijährige um sich schlagend schreit: »Ich will aber!« Wir haben dann wenig Geduld mit Lea, und Lea hat wenig Geduld mit uns und mit sich.

Geduld haben bedeutet zu verstehen, dass man warten muss, bis man das bekommt, was man will – eine Bedürfnisverschiebung zu ertragen, wie es in der Fachsprache heißt. Das ist für Kinder im Vorschulalter besonders schwer.

Können sie warten, bis Mama das Baby ins Bett gelegt hat, damit sie selbst auf ihrem Schoß sitzen können, um zu schmusen? Oder sehen sie ein, dass die Erzieherin jetzt nicht den Klebstoff herüberreichen kann, weil sie gerade einem anderen Kind das Papier hält, während dieses schneidet, und deshalb keine Hand frei hat? Die Fähigkeit, eigene Bedürfnisse zu verschieben, ist ein Einschulungskriterium. Die Frustrationstoleranz, die man braucht, um gut aushalten zu können, dass man das, was man will, nicht sofort bekommt, entwickelt sich also erst im fünften und sechsten Lebensjahr. Das, was Erwachsene besonders bei Drei- und Vierjährigen oft als Trotzverhalten bezeichnen, ist vor allem die Verzweiflung des Kindes, das die eigene Unfähigkeit spürt, sich seine Wünsche selbstständig zu erfüllen.

Denn nicht nur das Warten macht Frust, sondern auch immer wieder erleben zu müssen, dass es Dinge gibt, die wir nicht, noch nicht oder nicht so gut können. Misserfolge frustrieren uns, bringen uns an unsere Grenzen und damit auch in Berührung mit unseren Kleinheitsgefühlen, mit unseren Ohnmachtsgefühlen.

Kleine Kinder erleben diese Gefühle besonders häufig, weil sie ja erst dabei sind, die Grundkompetenzen zu lernen, sie beginnen damit zu gehen, zu sprechen und sich selbst die grundlegenden Bedürfnisse zu befriedigen. Zwangsläufig ist es so: Je mehr ich lernen muss, umso häufiger passiert es mir, dass etwas nicht auf Anhieb klappt.

Einen guten Umgang mit den Frustrationen, die ja immer wieder im Leben auftauchen, findet ein Kind, wenn es ein starkes Selbstwertgefühl entwickeln und sich gerade wegen seiner Fehlbarkeit geliebt und geschätzt fühlen kann. Natürlich gehört dazu auch die Fähigkeit, die eigenen Erfolge zu erkennen und sie wertzuschätzen. Wenn ein Kind stolz auf sich selbst sein kann, gelingt es leichter, auch mal eine Niederlage einzustecken. Wenn wir selbst uns grundsätzlich für kompetent halten, wird uns ein Fehlschlag wenig anhaben können.

Wie Kinder stufenweise ihre Erfolge und Misserfolge wahrnehmen, wie sie lernen, damit umzugehen, und wie sie Kompetenzgefühle entwickeln, können Sie im ersten Kapitel lesen. Dabei erfahren Sie auch, was Sie als Erwachsene tun können, um Kinder darin zu unterstützen, sowohl das Machbare erreichen zu wollen als auch die eigenen Grenzen zu respektieren.

Im Praxisteil finden Sie Spielideen, Übungen und Anregungen zum Umgang mit Trotz, Frustration und Ungeduld. Dabei werden sicher auch Sie als Erwachsene Neues in sich und Ihrem Kind oder Ihren Kindern entdecken.

Dabei wünsche ich Ihnen ganz viel Freude

Heike Baum

Hilfe, mein Kind hat seinen eigenen Kopf!

Entwicklungspsychologische und pädagogische Aspekte

Etwas Schwieriges schaffen, erfolgreich sein, das wollen alle Menschen gerne und häufig erleben. Wir genießen es und fühlen uns in solchen Situationen oft ganz besonders »vollkommen«. Dabei muss Erfolg immer wieder individuell definiert werden. Was für den einen eine Herausforderung war, ist für den anderen vielleicht ganz normaler Alltag.

Auch die Freude über unsere Erfolge und die Frustration, wenn etwas nicht so gut geklappt hat, erleben wir unterschiedlich. Es gibt Menschen, die freuen sich tagelang über eine gelungene Kleinigkeit, und anderen geht die Freude über die erfolgreiche Leistung schnell wieder verloren. Als ob sie den Erfolg innerlich nicht speichern könnten und alle Anerkennung von außen durch sie hindurchrieselt wie Sand durch ein Sieb. Wie der Mensch mit Erfolg umgehen kann, hängt stark vom eigenen Selbstbild ab. Denkt er von sich, dass immer etwas schief geht, oder glaubt er an den eigenen Erfolg?

Wie wir unsere eigene Kompetenz und die eigenen Grenzen erleben, wird vor allem durch die Erziehung beeinflusst. Das Verhalten der Eltern bereits im frühen Babyalter wirkt hierbei prägend.

Bereits Babys erleben Frustration

Wenn Kinder auf die Welt kommen, erleben sie zum ersten Mal, wie sich Bedürfnisse anfühlen, und empfinden dabei auch zum ersten Mal Frustration. Im Bauch der Mutter waren sie rundum versorgt. Das ist nun anders. Wenn ein Neugeborenes Hunger hat, erlebt es dieses Gefühl als unangenehm und macht uns Erwachsene dann ja mit Weinen darauf aufmerksam. Doch allein schon, dass es weinen muss, um anzuzeigen: »Hallo, ich brauche was«, frustriert das Kind – hatte es doch bisher in der totalen Symbiose im Bauch keine solchen unangenehmen Gefühle. Das bedeutet nicht, dass die »gute Mutter« vorher schon weiß, dass das Kind gleich Hunger haben wird und es deshalb vorher schon an die Brust anlegen sollte. Denn sonst könnte das Kind nicht lernen, dass es gut ist, seine Bedürfnisse zu äußern, um so Hilfe und Unterstützung zu bekommen und zu erfahren, wie schön es ist, wenn ein Bedürfnis befriedigt wird.

Kann dieses Bedürfnis nicht sofort erfüllt werden – vielleicht ist das Fläschchen noch zu heiß oder zu kalt – erlebt das Baby dies als schrecklich, weil es keine Vorstellung davon hat, warum die Erwachsenen ihm die Nahrung vorenthalten. Wird es nun im Wagen liegen gelassen und womöglich noch geschimpft, dass die Milch ja gleich käme und es sich nicht so anstellen soll, lernt es, dass es weniger gemocht wird, wenn es sein Bedürfnis und seinen Kummer laut äußert. Nimmt die Bezugsperson jedoch das Kind auf den Arm und spricht sie einfühlsam mit ihm, fühlt es sich angenommen und getröstet, auch wenn es über seine Frustration weint.

Die ersten Schritte sind Schritte zum Erfolg

Um innere Sicherheit zu entwickeln, brauchen Kinder vor allem psychische und emotionale Unterstützung. Sätze wie »Das kannst du noch nicht« oder »Das wird eh nichts« sollten Sie möglichst gleich aus Ihrem Sprachschatz streichen.

Stößt ein Kind an eine Grenze, merkt es dies sofort selbst. Es muss nicht von außen noch darauf hingewiesen werden. Jedes Kind lernt, wie es lernt, so schnell oder so langsam, wie es ihm entspricht. Es begibt sich mit dem ersten Schritt in seinem Leben auf den Weg zu größerer Autonomie und dies tut es ganz für sich allein. Die Erwachsenen braucht es, um zu erleben, dass diese Autonomiebestrebungen gewollt und gewünscht sind. Es freut sich, wenn Eltern die ersten Schritte toll finden, aber es braucht vor allem die Sicherheit, dass es gehen darf und zwar von nun an immer weiter von den Eltern weg.

Die Balance zu halten, zugewandt und unterstützend zu bleiben und dem Kind gleichzeitig zu vermitteln: »Du lernst jeden Schritt in deinem Leben für dich und darüber freue ich mich«, ist oft nicht einfach. Es gleicht einer Pendelbewegung, in der die Erwachsenen sich dem Kind emotional nähern, um es dann wieder ein Stück weit zu verlassen, und dasselbe macht das Kind. Gut ist es, wenn dabei beide im gleichen Rhythmus schwingen.

Erwachsene mischen sich oft zu schnell ein

Genauso, wie seine Erfolge dem Kind gehören, gehören ihm auch seine Frustrationen. Simon ist beim Versuch, mit dem Roller zu fahren, gestürzt, es ist sein Misserfolg, sein Schmerz darüber. Die Erwachsenen können durch Einfühlung trösten und Hoffnung machen. »Oh je, das hat noch nicht geklappt, aber du schaffst es, da bin ich mir sicher!«, könnte in dieser Situation ein angebrachter Trostsatz sein. Um den richtigen zu finden, muss die Situation überprüft werden.

- Will mein Kind in diesem Moment Unterstützung von mir? Wenn ja, auf welche Art?
- Ist mein Kind frustriert und sucht Trost und Hoffnung bei mir? Hat es sich weh getan?
- Will es nur einfach mal auf den Arm genommen und bewundert werden, weil es so feste am Gleichgewichthalten arbeitet?
- Soll ich ihm meine Hand anbieten, ob es sich vielleicht daran halten will?
- Will es ganz in Ruhe gelassen werden und spricht es eigentlich mehr mit sich als mit mir?

Weniger ist oft mehr. Selbstverständlich ist es notwendig, dass Erwachsene ihre Kinder innerlich begleiten und Anteil am Leben des Kindes nehmen. Dazu gehört auch die Anteilnahme am Erfolg und Misserfolg des Kindes. Doch das Maß, in dem ein Kind das möchte und einfordert, kann sehr unterschiedlich sein. Es liegt an den Erwachsenen, dies zu spüren und entsprechend darauf zu reagieren.

So verlieren z.B. Kinder, deren Tun immer kommentiert und bewertet wird, schnell das Gefühl dafür, ganz allein für sich etwas zu machen, und geraten unter Leistungsdruck. Wenn Mama doch der Oma gerade erzählt, wie hoch der Turm aus Bauklötzen letzte Woche war, muss er jetzt mindestens so hoch werden. Anna baut den Turm nicht mehr aus Experimentierfreude und aus eigenem Leistungsantrieb, sondern will der Mutter und der Oma gefallen und unterwirft sich ihrem Leistungsmaßstab. Erziehende können sich darin üben, nonverbale Hinweise wahrzunehmen, mit denen Kinder signalisieren »Hilf mir bitte« oder »Lob mich mal«, oder aber eben das Ausbleiben dieser Hinweise.

Je älter Kinder werden, umso weniger brauchen sie die Unterstützung auf der Handlungsebene. Es ist verständlich, wenn uns Kinder leid tun, die gerne etwas erreichen möchten und es ihnen nicht gelingt. Und natürlich geht es schneller, wenn wir Erwachsenen den Turm, den Anna so gerne hätte, bauen. Und wir würden auch den Teddybären mit einem Griff auf das Regal setzen. Doch wer jetzt sofort eingreift und hilft, bremst Kinder darin, eigene Initiative und Lösungsstrategien zu entwickeln und auszuhalten, dass manches nicht auf Anhieb klappt. Dabei gilt wieder der Grundsatz für die Erwachsenen, auf den Auftrag der Kinder zu hören.

Es gibt Situationen, da geht es gerade Kindern ab dem vierten Lebensjahr nur darum, sich mitzuteilen und den Erwachsenen darüber zu informieren, wo ihr Problem liegt. Ohne eine Antwort zu erwarten, spazieren sie nach abgelegtem Situationsbericht wieder ins Kinderzimmer und versuchen weiter, das Problem selbst zu lösen. Und manchmal will das Kind lediglich seinem Unmut laut freien Lauf lassen, weil sich der Erfolg nicht so einstellt, wie es sich selbst das gedacht hat. Dabei ist es ganz bei sich und seinem Tun. Da ist es nicht nötig, über das Kind zu greifen und den Faden schnell mal in die Nadel zu fädeln. Oft reicht ein Nicken, um zu signalisieren, dass wir es gehört haben, oder auch ein »Ja, das ist gar nicht so einfach«, motivierende Sätze wie »Versuch es noch mal, du schaffst das bestimmt« oder auch »Versuch es doch mal anders«.

Das ist sowieso ein toller Satz: »Versuch es einmal anders.« Er signalisiert dem Kind, dass Experimentieren erlaubt ist und zum Lernen dazugehört. Wenn Kinder diesen Satz verinnerlichen, können sie auch im Erwachsenenalter immer wieder darauf zurückgreifen, versuchen, das Problem aus einer anderen Perspektive zu betrachten, und damit neue Wege finden.

Den Umgang mit Erfolgen und Niederlagen lernen

Im sicheren Rahmen von Elternhaus und Kindertagesstätte braucht ein Kind Raum, um sich die Lernfelder herauszusuchen, die ihm in diesem Moment wichtig sind, und um sich die nötige Zeit zu nehmen, um das angestrebte Tun zu beherrschen. Dabei bedarf es von den Erwachsenen auf der Handlungsebene so viel Reglementieren wie unbedingt nötig und so wenig eingreifendes Handeln wie möglich.

So ein Rahmen gibt dem Kind Schutz und Sicherheit und das macht Lust darauf, die Welt zu entdecken und die eigenen Grenzen nicht einfach hinzunehmen, sondern sie bedächtig zu erweitern. Indem Erziehende das Gewachsene und den Fortschritt beim Kind bemerken, ihn positiv bewerten, ohne zu übertreiben, erfährt das Kind, dass sein Tun gewollt ist und es trotz seines Selbstständigwerdens geliebt wird. In einer solchen wertschätzenden Haltung kann es einen Ehrgeiz entwickeln, den es für sich selbst nutzt und nicht, um von der Umwelt geliebt und anerkannt zu werden.

Und wenn es einmal schief geht, ist eine wertschätzende Haltung nicht weniger angebracht. Die Frustration gehört dem Kind, es ist gestolpert, hat einen Klecks aufs Bild gemacht oder die Milch verschüttet. Wieder ist das Gespür nötig, was das Kind will und braucht. Die hier notwendige Unterstützung kann in unterschiedlichen Situationen von einem »Bitte ignoriere es einfach« bis »Nimm mich in den Arm und tröste mich« gehen.

Und wenn es Tränen gibt?

Manche Kinder sind besonders ehrgeizig oder setzen sich immer wieder etwas in den Kopf, was einfach nicht klappen will. Da kann es dann schon mal Wutausbrüche oder Tränen geben. Hanno konnte es zum Beispiel nie ertragen, dass seine Traktoren, die er gemalt hatte, nicht genauso aussahen wie in der Realität. Das brachte ihn regelmäßig in solche Wut, dass er das Bild mit schwarzer Wachsmalkreide komplett übermalte, es dann zerriss und in den Mülleimer warf. Es durfte nie im Altpapier entsorgt werden, sondern musste im Restmüll verschwinden. Manchmal flossen dabei Tränen der Wut, manchmal Tränen aus Verzweiflung. Was ihm am meisten in solchen Situationen geholfen hat, war vorsichtige Zurückhaltung, in der Hanno spüren konnte: Die Erwachsenen sind da, um zu helfen, aber sie lassen mich auch in Ruhe, wenn ich es will. Ihm zu sagen, dass ich das Bild schön finde oder dass Traktoren zu malen auch eine besonders schwere Aufgabe ist, hätte er nicht als hilfreich erlebt.

Vielmehr nützt in solchen Situationen zuerst einmal zu spiegeln, was das Kind wohl empfindet, indem die Erwachsene sagt, welche Gefühle sie beim Kind spürt. Zum Beispiel, dass das Kind jetzt frustriert, traurig, wütend ist und dass es wohl denkt: So was können alle, nur ich nicht. Dadurch fühlt sich das Kind gesehen und verstanden. Seine Gefühle sind in Ordnung und werden ernst genommen. Erst wenn der Erwachsene das Gefühl hat, dass das Kind wieder zuhören kann, sich wirklich getröstet fühlt, macht es Sinn darüber zu sprechen, wie real der Traktor denn aussehen soll und ob das leistbar ist oder auch wie das gehen könnte, einen Traktor so zu malen, wie das Kind es sich vorstellt. Dabei sollte die Erwachsene immer nur die Frage beantworten, die das Kind ihr ganz gezielt stellt, und ihm dadurch die Möglichkeit geben, auf viele Ideen selbst zu kommen.

Und trotzdem bleiben die Tränen in Zukunft nicht aus, und das ist gut so!

Denn jeder Misserfolg, jede Enttäuschung bringt uns in unserer Vorstellung von dem, was alles erreichbar ist, an eine Grenze. Diese Grenze schmerzt und hält uns gleichzeitig in der Realität. Wir sind Menschen, fehlbar und nicht vollkommen, und es ist für die Psychohygiene wichtig, dass sich die Spannung, die sich darüber aufbaut, von Zeit zu Zeit über das Weinen entspannt.

Weinen entlastet die Seele

Im Laufe der Tage sammeln sich bei Kindern immer wieder Versagensgefühle an, weil sie so vieles noch nicht selbst können oder dürfen. Man kann es sich vorstellen wie ein Fass, in das ein Fehlschlag, eine Frustration, eine Niederlage nach der anderen gefüllt wird. Irgendwann ist dieses Fass voll und es braucht nur noch eine Kleinigkeit, um es zum Überlaufen zu bringen. So ein volles Fass ist schwer. Kinder spüren die Spannung, die mit den vielen nicht gelungenen Situationen, mit den Verboten zusammenhängt, und sie wollen diese Anspannung wieder loswerden. Da ist dann das nicht bekommene Stück Schokolade vor dem Mittagessen zu viel für die kleine Seele und sie will den ganzen Frust einfach aus sich herausweinen. Verstehbar, wenn Erwachsene das Ausmaß des Schreiens und Tobens schwer nachvollziehen können. Es geht ja auch nicht nur um die Schokolade, sondern auch darum, dass der Bruder mit der Oma allein einkaufen gegangen ist, das Bild für Mama auf dem Heimweg vom Kindergarten einen Riss bekommen hat und der erste Versuch, mit dem Fahrrad zu fahren, mit einem schmerzhaften Sturz endete.

Nun Jonas zu sagen, dass es wegen so einer Kleinigkeit wie einem Stück Schokolade keinen Grund gibt so zu weinen, hilft ihm nicht weiter. Gerade in solchen Situationen bedarf es von Seiten der Erwachsenen die oft anstrengende Gelassenheit, damit Jonas ein Gefühl dafür bekommt, dass Gefühle sein dürfen – auch und gerade dann, wenn sie unangenehm sind. Er braucht Trost und Unterstützung, dass er weinen darf, wenn er an die eigenen Grenzen stößt und ihm das Leben für eine kurze Zeit schwer und ungerecht erscheint.

Auch wäre es nicht hilfreich, ihm nun doch schnell die Schokolade zu geben, denn damit würden die Erwachsenen verhindern, dass Jonas die nötige Spannungsabfuhr erfahren kann. Die schmerzhaften Gefühle der Enttäuschung würden wieder zurückgedrängt und das Kind könnte die Entspannung nicht erleben.

Und ein dritter Punkt ist hier wichtig: Kinder toben und trotzen niemals, weil sie die Erwachsenen ärgern wollen, das ist viel zu bedrohlich, wie Sie im nächsten Abschnitt lesen werden. Nein, sie weinen und toben immer aus Verzweiflung und

Not. Es gelingt ihnen nicht etwas zu tun, sich gegen andere Kinder durchzusetzen oder die Erwachsenen zu überreden, ihnen etwas zu erlauben. Die Summe der Niederlagen lässt sie verzweifeln und weinen oder eben auch mal einen Tobsuchtsanfall bekommen. Je mehr Selbstbewusstsein ein Kind im Laufe der Zeit aufbauen kann, desto seltener werden auch die Weinszenen und Tobsuchtsanfälle.

Wenn Erwachsene Grenzen setzen und Kinder autonom sein wollen

Kinder, die sich in ihrer Wut und in ihrem Weinen angenommen fühlen, haben es leichter, die Grenzen letztendlich zu akzeptieren. Dabei ist es gut, wenn es so wenig Grenzen wie möglich gibt und die Frustration, welche Erwachsene Kindern damit zumuten, so gering wie möglich gehalten wird. Je höher der Frustrationspegel, desto wahrscheinlicher, dass sich aus dieser Frustration Aggression entwickelt. Welche Grenzen sind wirklich nötig und sinnvoll? Sich diese Frage zu stellen, schützt auch das eigene Nervenkostüm. Welche Regeln sind mir so wichtig, dass ich gewillt bin, für deren Einhaltung auch einen Konflikt mit den Kindern auszutragen? Im Alter um drei Jahre sind Kinder ganz besonders auf wenige, aber dafür umso klarere Grenzen angewiesen. In diesem Alter entwickeln Kinder ihre Selbstbehauptung in besonderem Maße. Nachdem sie die Worte Ich und Nein gelernt haben, möchten sie nun ihre neu gewonnene Autonomie immer wieder erfahren und beginnen mit starkem Willen, selbst bestimmen zu wollen, was sie tun und was nicht. Der Begriff Trotzphase, der dafür allgemein verwendet wird, ist allerdings irreführend. Lange nahm die Psychologie an, dass es dem Kind vor allem darum gehe, sich selbst durchzusetzen, und dass es mit Unmut und Trotz auf die Begrenzung der Umwelt reagieren würde. Heute weiß man, wie sensibel diese Zeit für die psychische Gesundheit eines Kindes ist. Einerseits will es autonom werden und zunehmend mehr das eigene Leben in die Hand nehmen. Andererseits hat es große Angst davor, dafür von den Eltern bestraft und nicht mehr geliebt zu werden. Im Kind selbst streiten sich also zwei Seiten. Die eine sagt: »Das kannst du ganz allein, mach es einfach«, und die andere Seite schaut ängstlich zur Mutter, zum Vater, ob der bisher wohlwollende Blick denn trotz oder gerade wegen des Tuns erhalten bleibt. Die Frage, die sich dem Kind stellt, ist: Wie viel Autonomie ist erlaubt und wie viel erwünscht? Der in der Psychologie verwendete Begriff Autonomie- oder Selbstfindungsphase wird dem eigentlichen Bestreben des Kindes daher eher gerecht.

Nun kommt es zwangsläufig zu Konflikten mit den Eltern, die Ängste verursachen. Bin ich so gut genug für meine Eltern, wollen sie mich so haben? Dass Kinder sich trotzdem immer wieder auf die Auseinandersetzungen einlassen, ist ein gutes Zeichen, weil es zeigt, dass das Kind sich zutraut, sich durchzusetzen. Trotz der Verlustangst geht es in die Auseinandersetzung und manchmal macht es dabei die schmerzhafte Erfahrung, sich nicht durchsetzen zu können. Dann muss es mal weinen oder auch toben vor Wut, und je mehr es erlebt, dass die Eltern dabei die festgelegte Grenze, von denen es wenige gibt, halten und dass es auch im Weinen und im Zornen geliebt ist, umso schneller kann sich das Kind wieder beruhigen und sich mit der Situation abfinden. Für dieses Mal.

Denn ein Dreijähriges ist noch schwer in der Lage, Regeln zu verstehen und grundsätzlich zu akzeptieren. Es kann die Bedürfnisse, die es momentan verspürt, nicht mit Absprachen zusammenbringen. Auch wenn Sie vor der Ladentür noch sagen: »Heute gibt es kein Überraschungsei, sondern wie versprochen deinen Lieblingsquark«, wird Jette zwar den Quark strahlend in den Einkaufswagen legen, hat aber an der Kasse die Verabredung vielleicht schon wieder vergessen und greift nach dem Ü-Ei. Für das Kind ist in diesem Moment nichts mehr wichtig als das zu bekommen, was es haben will. Jette und das Überraschungsei sind in ihrer Fantasie bereits ein Paar und die Enttäuschung, jetzt von den Erwachsenen ein Nein zu hören, ist so groß, dass sie nichts anderes mehr tun kann als laut zu weinen, zu schreien oder gar sich auf den Boden zu werfen und um sich zu schlagen. Jette ist quasi blind für ihre Umwelt. Sie spürt nur den eigenen Frust und hört gar nicht mehr, was gesagt wird. Da hilft es auch nicht, sie anzuschreien oder weiter zu schimpfen. Manche Kinder lassen sich in solch einer Situation auf den Arm nehmen und beruhigen sich dabei schnell. Andere Kinder schreien noch mehr, wenn sie spüren, dass sie jemand anfassen will. Erwachsene sollten das respektieren. Und Eltern rate ich, sich vorher zu überlegen, ob das Nervenkostüm an diesem Tag stabil genug ist, die Blicke der anderen Erwachsenen angesichts des schreienden Kindes auszuhalten. Wenn nicht, dann schadet es keinem Kind, wenn das eine oder andere Mal eine Ausnahme gemacht wird. Besser natürlich, es gelingt, Jette an der Kasse so abzulenken, dass sie die Süßigkeiten gar nicht wahrnimmt, zum Beispiel, indem sie ihren Quark selbst bezahlen darf.

Wenn Kinder älter werden, können Regeln helfen

Kinder ab dem fünften Lebensjahr erleben, weil sie bereits viel gelernt haben, schon seltener Frustration über etwas nicht Gelungenes. Dafür entstehen andere Schwierigkeiten, die genauso frustrierend sein können. In diesem Lebensabschnitt wird soziales Verhalten mehr in die Erfahrungswelt des Kindes integriert. Es weiß, wie es Erwachsenen eine Freude machen kann, und versteht, was es heißt, eine Aufgabe im Haushalt zu übernehmen. Doch der Bereich der Bedürfnisverschiebung ist noch immer sehr schwierig. In dieser Phase können sie klare Regeln von Seiten der Erwachsenen unterstützen, um Selbstdisziplin und Verantwortung zu üben. Der Maßstab ist auch hier wieder: So wenig Regeln wie nötig, so viel Freiheit wie möglich. Hierzu ein Beispiel: Mary ist fünf Jahre alt und weiß eigentlich ganz genau, dass sie nach dem Sonntagsfrühstück dran ist, den Tisch abzuräumen. Papa hilft dabei und räumt das Geschirr in die Spülmaschine. Allerdings ist es immer wieder dasselbe: Marys großer Bruder verschwindet einfach und spielt oder sieht fern und Mary will mit ihm gehen. Egal was Papa macht, es gibt darüber in kürzester Zeit Tränen und Mary kann weder spielen noch ist der Tisch abgeräumt. Nur die Nerven von Papa sind bald erledigt.
Hier hilft es, Mary besser zu verstehen. Sie lernt ganz langsam, dass es Pflichten gibt, die getan werden müssen, auch wenn sie keine Lust dazu hat. Um das zu akzeptieren, braucht sie die Unterstützung der Erwachsenen. Papa muss ihr ver-

mitteln, dass er versteht, dass sie keine Lust hat, aber dass der Tisch trotzdem abgeräumt werden muss und sie heute an der Reihe ist. Gelingen kann es für Mary, indem sie erlebt, die Regel ist klar und wird grundsätzlich von Papa eingehalten. Dabei darf sie sich ärgern und auch zürnen, Papa mag sie trotzdem und bleibt bei ihr, um ihr zu helfen – wie immer. Je konsequenter und konstanter Mary diese Situation erlebt, umso schneller wird sie Pflichten akzeptieren. Damit das gelingen kann, müssen Kinder jedoch mitsprechen dürfen, wenn es darum geht, Regeln und Verantwortlichkeiten festzulegen. Diese Regeln stehen dann nicht für immer und ewig fest, sondern sie können miteinander neu vereinbart werden. Damit halten Sie die Frustrationen über Unerlaubtes oder Verpflichtendes in der Familie auf einem Minimum. Dazu gehört auch, dass es Tage gibt, an denen dem Drängeln der Kinder nachgegeben werden kann, weil sie an diesem Tag ungewöhnlich beansprucht werden. Das können körperliche Beschwerden, Auseinandersetzungen mit dem großen Bruder oder die Aufregung vor Omas Besuch sein, das alles ist Grund genug, einmal zu sagen: Geh du schon, ich mach's für dich!

Kann ich, was die anderen können?

Lange messen Kinder ihren Erfolg nur daran, ob ein Versuch gelingt oder nicht. Der Vergleich »Was kann ich, was können andere?« beginnt erst langsam im Kindergartenalter. Bis die Kinder anfangen, ihr Können gegenseitig zu bewerten, sind sie meist schon fünf Jahre alt. Jetzt werden gemeinsam Wettkämpfe entwickelt, um die eigenen Kräfte und Fähigkeiten zu messen. Sie werfen den Ball immer wieder an die Wand und zählen, wie oft es ihnen gelingt, ihn wieder aufzufangen. Gleichzeitig werden die Zahlen miteinander entwickelt.

Da in diesem Alter erstmals Leistung definiert wird und damit auch an enormer Bedeutung gewinnt, beginnen die Kinder, auch ihren Selbstwert darüber zu definieren. Ein Kind, das an dieser Stelle gerade besonders empfindlich ist, erlebt die Niederlage beim Brettspiel daher als vernichtend. Und je mehr es an diesem Tag bereits über eigenes Tun im Vergleich mit anderen frustriert ist, umso dramatischer

fühlt sich die Niederlage an. Hier hilft im ersten Moment wieder einmal, das Kind so zu trösten, wie es das gerne möchte. Erst in einem zweiten Schritt kann dann über die Gefühle des Kindes gesprochen werden oder aber über den Sinn eines Gesellschaftsspieles. Natürlich geht es dabei auch ums Gewinnen, aber vor allem geht es darum, gemeinsam Spaß zu haben. Sinnlos ist es, wenn Erwachsene nun in weiteren Spielen so tun, als ob sie verlören. Das mag bei Kleineren hin und wieder helfen, in diesem Alter beschämt man die Kinder. Sie spüren, dass die Erwachsenen nicht ehrlich sind, oder sie ordnen dieses Verhalten sogar der Kategorie Schummeln zu, und das wollen Sie Ihrem Kind sicher nicht beibringen. Suchen Sie lieber Spiele, die Kindern ab fünf Jahren eine reale Chance geben zu gewinnen, wie zum Beispiel *Memory* oder *Vier zu mir* (siehe Literaturtipp am Ende des Buches).

Den eigenen Fähigkeiten vertrauen

Bis zum Schuleintritt sind wir Erwachsene in hohem Maße dafür verantwortlich, wie sich das Kind in seiner eigenen Kompetenz erlebt. Wenn Kinder bis in dieses Alter immer wieder und unberechenbar von Erwachsenen frustriert werden, indem diese das Handeln der Kinder abwerten, wird sich ein negatives Selbstbild entwickeln, das besagt, dass sie vermutlich nie Erfolg haben werden und einfach zu dumm sind, um bestimmte Dinge zu lernen. Diese Kinder werden in der Schule ihren Fähigkeiten nicht trauen und sich als Erwachsene nicht in der Lage sehen, Probleme konstruktiv zu lösen. Sie werden sich immer wieder sagen, dass sie es sowieso nicht schaffen, und diese Erwartung wird sich immer wieder erfüllen. Dabei funktionieren *self fulfilling prophecies* (sich selbst erfüllende Prophezeiungen) auch anders herum, so dass sich der Erfolg einstellt. Dann nämlich, wenn Kinder lernen, an ihr eigenes Können zu glauben, wenn sie erfahren, dass sie mit ihrem Tun etwas bewegen können, dass es Bewegungen gibt, die man üben muss, und dass sich der Erfolg einstellt, auch wenn es anfangs

nicht so aussah. Wenn sie lernen, dass es für Probleme Lösungen gibt und andere Menschen, die bereit sind zu helfen, wenn es alleine nicht weitergeht.

Die wichtigste Voraussetzung für Kinder ist, dass sie erleben, dass sie gewollt sind, so, wie sie sind, und mit allem, was an Hochs und Tiefs zum Leben gehört, und dass Fehler und Niederlagen zum Leben gehören. Sie sind da, damit wir alle, Groß und Klein, daraus lernen und daran wachsen können.

Die folgenden Spiele, Übungen und Ideen sind für zu Hause, Kindertagesstätten, die ersten beiden Grundschuljahre oder Kindergruppen gedacht. Der Großteil der Angebote eignet sich für ein, zwei oder mehr Kinder, für manche ist eine Mindestzahl an Mitspielern nötig. Kinder brauchen in ihrer Auseinandersetzung mit emotionalen Themen nicht nur Erwachsene, die sie möglichst wertungsfrei zu einem Ausdruck ihrer Gefühle und Gedanken ermuntern sollten, sondern auch den Austausch mit Gleichaltrigen. Es wäre daher wünschenswert, wenn Eltern ihren Kindern häufig ein entsprechendes Umfeld bereiten könnten.

Hinweis
Der Einfachheit halber sind die Kinder auf den folgenden Seiten in der Mehrzahl genannt, auch wenn es sich um Spiele handelt, die auch für ein Kind allein geeignet sind.

Zwischen Erfolg und Enttäuschung

Die eigenen Kompetenzen und Grenzen entdecken

Frust und Ungeduld entstehen, wenn etwas nicht so klappt, wie ich mir das vorgestellt habe, wenn ich schmerzhaft an Grenzen stoße. Je mehr ich erkenne, was ich alles kann, und je mehr Anerkennung ich dafür erfahre, desto besser gelingt es, mit frustrierenden Erfahrungen gelassener umzugehen.

In diesem Kapitel finden Sie Spiele und Übungen, mit denen Kinder ihre eigenen Kompetenzen und Grenzen erspüren können. Dabei hilft eine entspannte Atmosphäre, in der Konkurrenz auch einmal entstehen darf, aber nicht als vorherrschendes Gefühl präsent ist.

Die Kinder entscheiden dabei selbst, was sie als Erfolg, als Leistung für sich anerkennen wollen. Niemand als das Kind selbst kann wissen, wie das Gelungene einzuschätzen ist. Wenn ein Kind aus Sicht der Erwachsenen einmal über- oder untertreibt, macht es mehr Sinn, das zu bemerken und sich zu fragen, was das Kind wohl zu dieser Reaktion bewegt, als zu versuchen, es zu einer anderen Einschätzung zu überreden.

Schön ist es, wenn sich eine Atmosphäre entwickelt, in der Niederlagen als Herausforderungen betrachtet werden, die dazu auffordern, es noch einmal zu wagen und dabei etwas Neues auszuprobieren.

Schau, was ich schon kann

Gerade in den ersten sechs Lebensjahren lernen Kinder enorm viel. Schön ist es, wenn jeder Schritt genau beobachtet und bestaunt wird. Bei Erstgeborenen ist das oft selbstverständlich, bei den nächsten Kindern geht diese Bewunderung manchmal verloren. Da kann ein Lerntagebuch oder -plakat einen guten Ausgleich schaffen.

Im Kinderzimmer hängt eine 1,5 Meter lange Tapete an der Wand. Hier beginnen die Erwachsenen aufzuschreiben, zu welchem Datum das Kind etwas gelernt hat. Wann hat es den Kopf zum ersten Mal gehoben oder sich auf den Bauch gedreht? Wann hat das Schleifebinden oder der Purzelbaum zum ersten Mal geklappt? Im Laufe der ersten Jahre wird die Liste immer länger und man kann bildlich sehen, wie viel Kinder bereits gelernt haben. Dabei bestimmt das Kind selbst zunehmend mit, was aufgeschrieben wird und was nicht.

ALTER: ab 0 Jahren
ANZAHL: ab einem Kind
MATERIAL: ein 1,5 Meter langer Tapetenrest, bunte Stifte
ZEIT: im Laufe der ersten sechs Lebensjahre, ohne zeitlichen Aufwand
ORT: im Kinderzimmer

Hinweis

In Kindergartengruppen können die Erwachsenen mit den einzelnen Kindern eine Liste anfertigen mit Fähigkeiten und Fertigkeiten, die das Kind mitbringt, wenn es in die Kindertagesstätte kommt. Im Laufe der Kindergartenzeit wird die Liste immer weitergeführt und das Kind bekommt sie mit nach Hause, wenn es in die Schule wechselt.

Was ist schwer für mich, was ist schwer für dich?

Menschen unterscheiden sich in ihren Kompetenzen, trotzdem gibt es Dinge, die vielen Menschen schwer fallen, und andere, die sehr unterschiedlich bewertet werden. Diese Vielfalt bietet den Kindern die Möglichkeit, sich einerseits zu identifizieren und andererseits sich abzugrenzen und sich als Individuum wahrzunehmen.

Die Erwachsenen sitzen mit den Kindern zusammen auf dem Boden vor einem großen Plakat. Gemeinsam wird nun überlegt, was den Einzelnen schwer fällt. Das können ganz unterschiedliche Dinge sein, wie zum Beispiel regelmäßig daran zu denken, den Hamsterkäfig zu reinigen, oder aber Abschied zu nehmen, wenn Oma wieder nach Hause fährt. Alles, was den Kindern und Erwachsenen einfällt, wird aufgeschrieben oder als Symbol gemalt. Wird etwas mehrfach genannt, wird es mit einer weiteren Farbe unterstrichen. Das Bild, das so entsteht, zeigt sehr anschaulich, welche Schwierigkeiten eher individuell sind und was ganz vielen schwer fällt. Ein anschließendes Gespräch kann helfen, bei sich selbst und beim Gegenüber besser zu verstehen und zu akzeptieren, was schwer fällt und was nicht.

ALTER:	ab 3 Jahren
ANZAHL:	ab einem Kind
MATERIAL:	großes Plakat, verschiedenfarbige Stifte
ZEIT:	etwa 15 Minuten
ORT:	an einem ruhigen Platz

Was kann ein Klempner am besten?

In jedem Beruf müssen Menschen etwas besonders gut können. Wenn Kinder sich überlegen, was das ist, wird sich automatisch ihr Repertoire an Verständnis darüber vergrößern, wie viel unterschiedliches Können es gibt.

Ein Kind beginnt pantomimisch einen Beruf vorzumachen. Die anderen Kinder sollen diesen Beruf erraten. Hat ein Kind den richtigen Beruf gefunden, muss es noch zwei Dinge sagen, die man in diesem Beruf besonders gut können muss. Fällt ihm nichts ein, helfen die anderen Kinder oder die Erwachsenen mit. Wer den gesuchten Beruf gefunden hat, darf nun einen neuen vorspielen.

Am Ende des Spieles, wenn die Kinder keine Lust mehr haben oder alle einmal an der Reihe waren, können sich die Kinder nochmals zusammen überlegen, welche Kompetenzen sie gefunden und zugeordnet haben. Dabei versuchen die Erwachsenen die Kinder immer wieder anzuregen, auch soziale Kompetenzen mit anzusprechen. Ein Bäckermeister muss eben nicht nur Brot backen können, sondern zum Beispiel seinen Lehrlingen auch gut erklären können, auf was es ankommt.

ALTER:	ab 4 Jahren
ANZAHL:	ab 2 Kindern
MATERIAL:	keines
ZEIT:	etwa 15 Minuten
ORT:	überall, wo die Kinder ungestört sind

Greif doch in die Könnerkiste

Oftmals haben Kinder gar keine Vorstellung davon, was sie alles schon können und worin sie wirklich gut sind, weil immer nur das aktuell Gelernte im Mittelpunkt steht. Dabei hat jedes Kind eine ganze Schatzkiste voll von Kompetenzen.

Die Erwachsene trägt pantomimisch eine schwere Truhe in den Raum und öffnet sie, nachdem die Kinder sich um die imaginäre Kiste gestellt haben. Anschließend erklärt sie, dass sie in dieser Kiste alles eingesammelt hat, was die Kinder schon können. Nacheinander geht nun jedes Kind an die imaginäre Kiste und nimmt sich pantomimisch ein eigenes Können heraus. Dabei erzählt es den anderen, was es sich holt.

Die Kinder gehen immer wieder an die Kiste, bis ihnen nichts mehr einfällt. Anschließend sprechen sie darüber, wie es sich anfühlt, so viel zu können.

ALTER:	ab 3 Jahren
ANZAHL:	ab einem Kind
MATERIAL:	keines
ZEIT:	etwa 15 Minuten
ORT:	überall, wo die Kinder ungestört sind

Hinweis

Kinder, die wenig Erfahrung mit Imaginationen haben, können sich anfänglich schwer tun, etwas pantomimisch aus der Kiste zu holen. Deshalb ist es gut, wenn die Kinder nicht der Reihe nach drankommen, sondern immer das Kind in die Mitte geht, das den Impuls dazu verspürt. Auch hilft es oft, wenn die Erwachsene den Anfang macht und damit den Kindern einige Beispiele nennt, an denen sie sich orientieren können.

Vom Zappelphilipp, der nicht warten kann

Manches ist gerade deshalb so schön und aufregend, weil man so lange darauf warten muss. Das sagen zumindest manche Erwachsene. Ob das wirklich stimmt, weiß ich auch nicht. Aber eines weiß ich: Die kribbelige, aufregende Anspannung z.B. kurz bevor die Kinder ins Zimmer zum Weihnachtsbaum dürfen, ist schön und schaurig zugleich. Dieses Gefühl erleben die Kinder sicher unterschiedlich angenehm.

Die Kinder sitzen mit der Erwachsenen zusammen, in der Mitte liegt ein schön verpacktes Paket. Bestimmt sind die Kinder neugierig, was in dem Päckchen sein könnte. Die Erwachsene regt nun die Kinder an zu erzählen, wie es sich anfühlt zu wissen, dass dieses Paket lauter kleine Geschenke für sie enthält, die Kinder es aber noch nicht aufpacken dürfen.

ALTER: ab 3 Jahren
ANZAHL: ab einem Kind
MATERIAL: ein schön verpacktes Paket mit Süßigkeiten oder anderen kleinen Geschenken für alle Kinder
ZEIT: etwa 15 Minuten
ORT: an einem ruhigen Platz

Für das Gespräch könnten folgende Fragen hilfreich sein:
- Was ist Ungeduld?
- Wann bin ich ungeduldig?
- Wie fühlt sich das an?
- Wo spüre ich es im Körper?
- Warum werde ich denn ungeduldig und kribbelig, wenn ich das Paket anschaue?
- Wieso interessiert es mich jetzt, was darin ist – wenn ich es doch erst später auspacken darf?
- Wann bin ich noch so ungeduldig? Vor meinem Geburtstag/Weihnachten?
- Gehen wir unterschiedlich mit dieser Spannung des Wartens um?
- Macht das Warten auf etwas Tolles manchmal auch Lust?

Blinde Baumeister

Geduld ist für viele Kinder keine leichte Übung. Trotzdem müssen alle Kinder lernen, dass manche Dinge Zeit und Übung brauchen. Das nächste Spiel eignet sich hervorragend, um Geduld zu üben und anschließend darüber ins Gespräch zu kommen.

Das Kind sitzt auf dem Boden und hat die Bauklötze vor sich liegen. Es bekommt die Augen verbunden und beginnt nun blind aus den Klötzen einen Turm zu bauen. Dabei wird es von der Erwachsenen immer wieder ermuntert, mindestens drei Klötze aufeinander zu legen, dann vielleicht vier und so weiter.
Hat das Kind fünf Steine aufeinander gelegt, kann die Erwachsene ihr Glück versuchen und selbst einen Turm bauen.

Hinweis
Bei kleinen Kindern sollten Sie darauf achten, dass die Bauklötze gleich große Würfel sind. Ältere Kinder kommen meist auch mit unterschiedlichen Größen und Formen gut zurecht.

ALTER:	ab 3 Jahren
ANZAHL:	ab einem Kind
MATERIAL:	ein Stofftuch, um die Augen zu verbinden, viele gleich große Bauklötze
ZEIT:	etwa 10 Minuten
ORT:	an einem ruhigen Platz

Das Kleine Ich bin ich

»Das Kleine Ich bin ich« ist die Geschichte von einem Wesen, das aufbricht, um seinesgleichen zu suchen. Wie Kinder das auch tun, um ihre Identität zu entwickeln, sucht es erst einmal nach dem Gemeinsamen im anderen. Doch kaum hat es die Gemeinsamkeit entdeckt, wird von den anderen Tieren deutlich der Unterschied benannt, und das kleine Ich bin ich macht sich weiter auf die Suche. Erst langsam begreift es, dass es nicht zu einer Gruppe gehören muss, sondern eine ganz individuelle Persönlichkeit ist. Es zeichnet sich gerade durch die Unterschiede aus.

Eine Erwachsene liest den Kindern die Geschichte vor und lässt ihnen dabei viel Zeit, selbst Gemeinsamkeiten und Unterschiede zwischen dem kleinen Ich bin ich und den anderen Tieren festzustellen. Dabei achtet sie darauf, dass die Kinder sich nicht nur am Aussehen orientieren, sondern, so wie das Buch selbst, eher an den typischen Verhaltensweisen und am Können der Tiere.

Danach besprechen die Kinder das Buch und die Erwachsene hilft beim Transfer ins Alltagsleben. Wo unterscheiden sich die Kinder in der Art, wie sie etwas tun und was sie tun? Was sind typische Dinge für die Einzelnen und so weiter.

ALTER:	ab 3 Jahren
ANZAHL:	ab einem Kind
MATERIAL:	Bilderbuch (siehe Literaturtipps)
ZEIT:	etwa 20 Minuten
ORT:	an einem ruhigen Platz

Jeder ist ein Ich bin ich

Um die Kinder die Individualität und die Besonderheit des Ich bin ich noch deutlicher verstehen zu lassen, basteln sich die Kinder ihr eigenes Ich bin ich. Es symbolisiert das Gefühl, mit allen Eigenheiten wunderbar und besonders wertvoll zu sein, es verkörpert ihr Selbstwertgefühl. Gleichzeitig erfahren die Kinder dabei den Erfolg der eigenen Schaffenskraft.

Im Buch vom kleinen Ich bin ich befindet sich eine Bastelanleitung mit Schnittplan für ein eigenes »Ich bin ich«. Meine Erfahrung zeigt, dass Kinder sich nicht an die Anleitung halten brauchen, um zu tollen und kreativen Ideen zu kommen. Die Bilder im Buch selbst sind meist Anleitung genug. Die Erwachsenen sollten deshalb das Material zur Verfügung stellen und den Kindern anbieten, ein Ich bin ich zu basteln, so wie sie es wollen.

Sind alle Ich bin ichs fertig, zeigen sich die Kinder ihre Werke gegenseitig. Sicher fallen den Kindern eine Menge Möglichkeiten ein, wie sie damit spielen können.

ALTER:	ab 4 Jahren, mit Unterstützung ab 3 Jahren
ANZAHL:	ab einem Kind
MATERIAL:	viele unterschiedliche Stoffe, Nadeln, Faden, Wolle, Klebstoff, Filz, Schere
ZEIT:	etwa 30 Minuten
ORT:	überall

Hinweis

Damit die Kinder wirklich ein Gefühl entwickeln können, dass sie selbst das Ich bin ich erschaffen haben, ist es wichtig, dass die Erwachsenen sich mit ihrer Hilfe ganz zurückhalten und immer nur das tun, was jedes Kind ihnen aufträgt.

Mein Name auf der Leinwand im Kino

Der eigene Name kann für Kinder sehr identitätsstiftend sein. Das Gefühl von Ich bin ich bedeutet auch die innere Überzeugung, richtig zu sein genau so, wie man ist. Nachdem die Kinder sich nun ausführlich mit dem Buch beschäftigt haben, lernen sie ihren Namen einmal ganz neu kennen.

Die Kinder liegen bequem auf einer Decke und die Erwachsene lässt im Hintergrund eine meditative, ruhige Musik laufen.
Dann begleitet sie die Kinder durch die Fantasiereise mit folgenden Worten:

Du liegst jetzt ganz still und genießt es, die Augen geschlossen zu halten. Spüre in deinem Körper, wie es sich anfühlt, so ruhig zu liegen.
(Pause)
Drückt es irgendwo? Dann lege dich nochmals etwas anders hin, damit du es bequem hast. (Pause)
Atme jetzt tief ein. Spürst du, wie die Luft in dich strömt? (Pause)

Versuche den Atem tief in dich hineinzusaugen. Kannst du die Luft in deinen Füßen spüren? (Pause)
Stell dir jetzt vor, du gehst ins Kino. Du stehst vor dem Kino und möchtest hinein. Es ist niemand da, der dich hindern könnte. Also mache die Türe auf und gehe hinein. Geh weiter in den Kinosaal und schaue dich um. (Pause)
Der Raum ist leer. Kein Mensch ist da. Welche Farbe hat der Raum? Ist er groß? Gibt es Stühle? Welche Farbe hat der Vorhang, der vor der Leinwand hängt? (Pause)
Wo möchtest du sitzen? Suche dir einen Platz aus und setze dich dann. Nun fängt die Vorstellung an. Der Vorhang beginnt sich zu bewegen. (Pause)
Er öffnet sich und gibt Stück für Stück die Leinwand frei. Es beginnt sich ein Flimmern auf der Leinwand breit zu machen. Da – jetzt erscheint er, dein Name. (Pause)

In großen Buchstaben steht er auf der Leinwand geschrieben. Wie sehen die Buchstaben aus? Welche Farben haben sie? (Pause)

Hast du ihn gesehen? Dann ist die Vorstellung aus. Der Vorhang geht langsam wieder zu und verdeckt die Leinwand. Du stehst von deinem Kinosessel auf und kommst wieder zurück zu uns in diesen Raum.

Öffne jetzt langsam deine Augen und schüttle deine Füße im Liegen aus. Auch deine Arme können ein kräftiges Schütteln gut vertragen. Sprich mit niemandem, sondern nehme dir einige Wachsmalstifte und ein Papier. Setze dich in eine Ecke, die dir gefällt, und male dort deinen Namen so, wie du ihn auf der Leinwand im Kino gesehen hast.

Nachdem die Kinder ihren Namen alle gemalt haben, setzen sie sich in einen Kreis und sprechen über das Erlebte. Sie erzählen sich gegenseitig, wie sie ihren Namen auf der Leinwand fanden.

Was sagt denn ihr Name? Wissen die Kinder, ob er eine besondere Bedeutung hat? Oder war er aus einem bestimmten Grund den Eltern wichtig?

Wenn die Kinder eine Idee haben, wie sie ihren Namen am allerliebsten gestalten würden, können sie sich dafür im Anschluss Zeit nehmen.

ALTER:	ab 5 Jahren
ANZAHL:	ab einem Kind
MATERIAL:	Papier und verschiedene Wachsmalstifte, für jedes Kind eine Decke oder einen Teppich im Raum
ZEIT:	etwa 20 Minuten
ORT:	in einem ruhigen Raum

Ich befehle jetzt!

Gefühle der Frustration erleben Kinder häufig, weil Erwachsene etwas bestimmen, was den Wünschen der Kinder entgegensteht. Im folgenden Spiel kann man sich in beiden Rollen erleben: Wie fühlt es sich an, wenn man die Macht hat zu bestimmen, was passiert? Und wie fühlt es sich an, wenn man tun muss, was jemand anderer will?

Ein Kind setzt sich auf den Tisch, die Fensterbank oder an einen anderen Ort, von dem aus es den Raum überblicken kann. Dieses Kind darf nun für eine Weile bestimmen, was die anderen Kinder machen sollen. Die Kinder müssen ohne zu schimpfen auf den Befehlenden hören und alles tun, was dieser verlangt. Sollte dem Kind nichts einfallen, was es verlangen könnte, kann es sich ja einen Berater ernennen, der ihm hilft, gute Ideen zu entwickeln. Nach einer Weile ist Wechsel und ein anderes Kind ist an der Reihe, machtvoll Befehle zu erteilen, welche unbedingt und widerspruchslos ausgeführt werden müssen.

Danach setzen die Kinder sich zusammen und beginnen ihre Erfahrungen auszutauschen, dabei könnten folgende Fragen leitend sein:

ALTER:	ab 4 Jahren, mit Einschränkungen ab 3
ANZAHL:	ab 2 Kindern
MATERIAL:	keines
ZEIT:	mindestens 10 Minuten
ORT:	an einem ruhigen Platz

- Wie fühlt es sich an, so machtvoll zu sein?
- Gibt es sonst im Leben Situationen, wo Kinder sich so fühlen und so viel Einfluss haben können?
- Woran liegt es, dass Erwachsene immer so viel bestimmen wollen?
- Wie fühlt es sich an, wenn man selbst immer tun muss, was andere sagen? Gibt es dabei gute und blöde Gefühle?
- Wenn die Kinder eines immer bestimmen dürften, was würden sie dann entscheiden wollen?

Wenn es mal nicht klappt, dann ...

Kinder entwickeln ganz unterschiedliche Verhaltensweisen, wie sie mit Fehlschlägen und Niederlagen umgehen. Diese bewusst werden zu lassen bedeutet auch, den Kindern die Möglichkeit zu geben, sie zu reflektieren und eventuell neue Strategien zu entwickeln. Gerade wenn die Kinder nicht in einer Situation sind, in der sie sich frustriert fühlen, können sie mit Abstand auf ihr eigenes und das Verhalten der anderen reagieren.

ALTER:	ab 4 Jahren
ANZAHL:	ab 2 Kindern
MATERIAL:	keines
ZEIT:	mindestens 10 Minuten
ORT:	an einem ruhigen Platz

Die Kinder sitzen gemütlich im Kreis und die Erwachsenen erzählen von sich selbst, wann sie frustriert sind und wie sie damit umgehen. Anschließend sollen die Kinder überlegen, wann sie das letzte Mal ärgerlich auf sich waren oder entäuscht, weil ihnen etwas nicht so gelungen ist, wie sie es sich vorgestellt hatten. Die Erwachsenen ermuntern die Kinder, sich gegenseitig zu sagen, ob sie solche Situationen auch kennen und ob sie dann ähnlich damit umgehen wie das Kind, das gerade erzählt hat, oder ob sie es ganz anders machen. Vielleicht gelingt es sogar herauszufinden, was ein guter Umgang mit Frustrationen sein könnte.

Haste das gesehen?

Wenn etwas gut gelingt, sind wir immer schnell dabei, das für normal zu halten. Der Fokus liegt eher bei den Misserfolgen als bei den Erfolgen. Damit gerät unser Gefühl für Kompetenz oft aus dem Gleichgewicht. Gerade Kinder, die tagtäglich erleben, wie viel sie noch lernen müssen, brauchen den Zugang zu ihrer Kraft, ihrem Können und ihren Erfolgen.

Die Kinder sitzen im Kreis und beginnen sich gegenseitig zu erzählen, worüber sie sich in letzter Zeit besonders gefreut haben, weil es ihnen gut gelungen ist. Dabei kann es sein, dass den Kindern zuerst vor allem Gelegenheiten einfallen, wo sie etwas geschenkt bekommen oder etwas Schönes erlebt haben. Die Erwachsene verweist dann immer wieder darauf, dass die Geschichte spannend und interessant ist, aber die Kinder sich doch einmal überlegen sollen, ob ihnen nicht etwas einfällt, was super war und worauf sie ganz stolz sein können, weil sie etwas gut gemacht haben.

Ist jedem Kind eine Situation eingefallen, beginnt es diese zu malen. Sind alle Kinder mit den Bildern fertig, werden diese zusammen an die Wand gehängt und nochmals betrachtet. Dabei stehen die Kinder alle dicht beieinander, klopfen sich gegenseitig auf die Schulter und sagen: Das hast du gut gemacht!

ALTER:	ab 3 Jahren
ANZAHL:	ab einem Kind
MATERIAL:	unterschiedliche Farben, Papier
ZEIT:	mindestens 10 Minuten
ORT:	an einem ruhigen Platz

Manchmal fühl ich mich ganz klein

Bis zum Eintritt in die Kindertagesstätte orientieren sich Kinder sehr an den Kompetenzen der Eltern. Die Erwachsenen können anscheinend alles, haben Allmacht und Allwissen. Das gibt an vielen Stellen Sicherheit. Ab dem dritten Lebensjahr entwickeln Kinder ganz allmählich einen kritischen Blick auf die Erwachsenen, ihre Freunde und sich selbst. Sie beginnen eigenes und fremdes Können zu bewerten, was immer wieder zu großen Unsicherheiten führen kann.

Die Erwachsene sitzt mit den Kindern gemütlich zusammen und erzählt, was sie ganz besonders gut kann. Dann fragt sie die Kinder, ob sie auch etwas von sich kennen, auf das sie stolz sind, weil es immer so gut klappt. Dabei achtet sie darauf, dass die Kinder sich gegenseitig ihre Kompetenzen lassen, denn das, auf was ich besonders stolz bin, ist meine ganz individuelle Bewertung. Schon möglich, dass jemand anders das nicht so bemerkenswert findet, aber für mich ist es ganz wichtig und ich bin stolz darauf. Die folgenden Fragen können sich an dieses Gespräch anschließen:

• Wie fühlt sich das an, wenn man etwas nicht so gut kann?
• Wo im Körper kann man das fühlen?
• Wie fühlt es sich an, wenn man etwas toll kann?
• Wenn man gelobt wird?
• Gibt es einen Satz, den man sich selber sagt, wenn etwas gut geklappt hat oder eben nicht?
• Sagen die Eltern manchmal Dinge, wenn sie das Kind loben oder schimpfen?

ALTER:	ab 3 Jahren
ANZAHL:	ab einem Kind
MATERIAL:	keines
ZEIT:	maximal 10 Minuten
ORT:	an einem ruhigen Platz

Versuch's doch mal anders

Probleme angehen und Lösungs-
strategien entwickeln

Immer wieder werden Kinder und Erwachsene an ihre Grenzen stoßen und mit Problemen konfrontiert sein, die sie so
nicht erwartet haben. Mit einer Trotzreaktion zeigen
Kinder, wie weh ihnen diese Grenze tut. Sie laufen Sturm
gegen die Grenze, rennen sozusagen immer wieder gegen
eine Mauer und hoffen, dass sie verschwindet: »Ich will
aber!«, schreien sie, doch – rumms, die Mauer ist immer
noch da und es tut auch diesmal wieder weh. Es ist ein
Lernprozess zu verstehen, dass die Mauer nicht deshalb
verschwindet, weil man es will. Was könnte man also
stattdessen tun?
Wichtig ist, dass bereits Kinder lernen, nicht in der Frustration zu verharren, sondern sie zu überwinden und sich
innerlich auf den Weg zu machen, um Lösungen zu suchen.
Oftmals gelingt das nicht allein und es ist gut, wenn Kinder
sich trauen, andere um Hilfe zu bitten. Deshalb finden Sie
in diesem Kapitel auch einige Spiele, die mit mehreren
Kindern gespielt werden können oder auch
müssen. Ziel ist es dabei, die Kinder
erfahren zu lassen, dass ganz
unterschiedliche Kom-
petenzen im Bewälti-
gen von Aufgaben
notwendig sind.

Manchmal tut die Wut doch gut

Das nächste Mal, wenn die Kinder in Wut geraten, weil sie etwas nicht haben oder tun können, was sie aber unbedingt möchten, kann ihnen eine der folgenden Ideen angeboten werden, um Dampf abzulassen. Das zeigt ihnen zum einen, dass sie die Wut haben dürfen, und zum anderen kann das Kind einen guten Umgang mit der Aggression lernen.

Kinder spüren in ihrem Zorn oft ihre Hilflosigkeit und Ohnmacht gegenüber Erwachsenen, die ihnen etwas verbieten. Manchmal kommen gut gemeinte, erklärende Worte der Erwachsenen dann beim Kind gar nicht mehr an, weil es so sehr mit der aggressiven Energie beschäftigt ist, die es in diesem Moment ganz und gar ausfüllt.

Je mehr Rituale ein Kind für solche Situationen zur Verfügung hat, umso leichter kann es ein für diese Situation passendes finden. Danach ist es dann auch möglich, mit dem Kind über den Vorfall zu sprechen. Möglichkeiten wären:

- ein knallrotes Wutbild malen und dann zerreißen
- Knete ganz doll zerkneten, zerreißen oder auf den Tisch hauen
- in ein altes Kopfkissen schlagen
- wie ein Löwe laut brüllen
- mit beiden Beinen feste auf den Boden stampfen
- einen Tennissoftball mit aller Kraft an die Wand werfen
- Zeitungspapier zerknüllen und mit der Erwachsenen eine Zeitungsballschlacht veranstalten

ALTER:	ab 2 Jahren
ANZAHL:	ab einem Kind
MATERIAL:	je nach Spielidee: Knete, Stifte und Papier, Tennissoftball, altes Kissen
ZEIT:	mindestens 10 Minuten
ORT:	überall, wo man auch laut sein darf

Ich würd's mal so probieren

Kinder haben sehr präsent, was ihnen nicht so gut gelingt und was sie gerne können würden. Dabei fehlt ihnen oft nur ein kleiner Schritt oder ein wenig Mut, eine etwas veränderte Perspektive zum Erfolg. In der folgenden Übung geben sich die Kinder dafür gegenseitig Anregungen.

Jedes Kind erhält Papier und Stifte. Darauf malt es etwas, vor dem es sich immer wieder drückt, weil es weiß, dass es das nicht so gut kann. Anschließend reißt es die gemalte Situation aus und behält das Bild bei sich. Wenn alle soweit sind, setzen sich die Kinder in einen Kreis. Nun stellen sie sich ihre Bilder vor und legen sie auf den Boden. Danach sucht sich jedes Kind ein Bild mit einer Situation heraus, die ihm persönlich keine Schwierigkeiten macht. Es nimmt das Bild an sich, klebt es auf ein neues weißes Papier und zieht sich damit zurück. Es überlegt sich, was dem Kind, von dem es dieses Bild bekommen hat, helfen würde, und malt etwas dazu, was die Kompetenz stärkt.

Wenn alle Kinder damit fertig sind, setzen sie sich wieder in den Kreis und schenken sich gegenseitig ihre Bilder. Dabei begründen sie, warum sie diese oder jene Aktion gemalt haben.

ALTER:	ab 4 Jahren
ANZAHL:	ab 2 Kindern
MATERIAL:	Buntstifte oder andere Farben und Papier, Klebstoff
ZEIT:	mindestens 10 Minuten
ORT:	in einem ruhigen Raum

Blindschlange wird geführt

Kinder lieben es, der »Anführer« zu sein, etwas zu entscheiden und die Verantwortung für die anderen Kinder zu übernehmen. Sind diese wie in der folgenden Übung blind, merken Kinder schnell, wie vorsichtig sie deshalb sein müssen.

Die Kinder stehen hintereinander und halten sich mit den Händen am Kind vor sich fest. Alle bis auf das erste Kind halten die Augen geschlossen. Das erste Kind führt nun die anderen vorsichtig und sehr behutsam eine bestimmte Strecke entlang. Die Kinder versuchen dabei ganz still zu sein. Dem ersten Kind kann eine Erwachsene am Anfang helfen, damit es ein Gefühl für die Länge und das Tempo der Schlange entwickelt. Sind die Kinder sicherer geworden, kann der Weg auch mal über Stühle hinweg und unter Tischen hindurch gehen.

ALTER:	ab 4 Jahren
ANZAHL:	ab 4 Kindern
MATERIAL:	eventuell ein paar Stühle, Tische, Matten usw.
ZEIT:	etwa 10 Minuten
ORT:	an einem ruhigen Platz

Hinweis

Es gibt immer wieder Kinder, die große Probleme damit haben, blind zu gehen. Die Erwachsene sollte das respektieren und das Kind selbst entscheiden lassen, ob es trotzdem mitmachen will. Dann kann es ausprobieren, ob es von Zeit zu Zeit nicht mal für einen kurzen Augenblick die Augen schließen kann.

Zusammen schaffen wir es

Beim gemeinsamen Tun erleben die Kinder nicht nur, was sie selbst schon können, sondern auch, wie gut es ist, sich in der Gruppe zu ergänzen und gemeinsam etwas zu erreichen. Manchmal scheitert man aber auch an einer Aufgabe. Muss man deshalb gleich überlegen, wer Schuld hat? Dazu bleibt beim folgenden Spiel gar keine Zeit.

Die Kinder bewegen sich zur Musik durch den Raum. Stoppt die Erwachsene die Musik, bleiben die Kinder stehen und warten auf eine Anweisung. Diese sollte so gestaltet sein, dass die Kinder sich absprechen und gegenseitig helfen müssen, um die Aufgabe zu erfüllen. Ist sie erfüllt oder auch misslungen, wird die Musik wieder eingeschaltet und die Kinder bewegen sich erneut zur Musik bis zum nächsten Stopp. Aufgaben könnten sein:

- Stellt euch zu dritt zusammen und geht mit nur drei Füßen einmal diese Strecke ab.
- Die Bauklötze in diesem Korb müssen in die Kiste am anderen Ende des Zimmers. Jedes Kind darf aber höchstens einen Bauklotz auf einmal in der Hand tragen und wer einen Bauklotz hat, darf sich nicht von der Stelle rühren.
- Ihr habt ein paar Minuten Zeit, um aus dem Material hier im Zimmer einen Turm zu bauen, der so hoch wie möglich werden soll.
- Sucht zu zweit jeweils drei blaue, drei rote und drei grüne Gegenstände.
- Für größere Gruppen: Stellt euch zu sechst zusammen und tragt den Leichtesten von euch durch den Raum.

ALTER:	ab 4 Jahren
ANZAHL:	ab 5 Kindern
MATERIAL:	flotte Musik
ZEIT:	etwa 15 Minuten
ORT:	im Zimmer

Greif zu

In diesem Spiel erleben Kinder und Erwachsene, denen das Spiel auch Spaß macht, was es heißt, sich auf den Impuls des anderen zu verlassen. Wer das nicht tut, hat schnell verloren. Dabei sind besonders die Kinder in der Mitte der Reihe als Impulsleiter wichtig.

Die Kinder setzen sich in zwei Reihen gegenüber. Innerhalb einer jeder Reihe geben sie sich hinter dem Rücken die Hände. Zwischen Anfang und Ende der beiden Reihen steht je ein Stuhl. Auf dem einen liegt ein Ein-Euro-Stück, dies ist der Anfang der Reihe. Auf dem anderen Stuhl liegt ein Apfel oder Ball, der das Ende der Reihe markiert. Alle bis auf die ersten beiden Kinder schließen die Augen.

Die Erwachsene beginnt das Geldstück, das nur von dem jeweils ersten Kind der beiden Reihen gesehen werden kann, wie einen Kreisel auf dem Stuhl zu drehen. Fällt es hin und der Kopf liegt oben, passiert nichts.

Ist jedoch die Zahl sichtbar, geben sich die Kinder durch Drücken der Hände hinter ihrem Rücken ein Zeichen. Ist der Händedruck beim letzten Kind angekommen, greift dieses schnell nach dem Apfel. Das Kind, welches den Apfel zuerst in der Hand hält, darf ganz an den Anfang der Reihe kommen. Die anderen Kinder setzen sich also alle einen Stuhl weiter nach hinten. Das Geldstück wird von neuem gedreht.

Greift ein Kind nach dem Apfel, obwohl nicht die Zahl gefallen war, muss die ganze Gruppe einen Stuhl zurückrutschen und das momentan erste Kind in der Reihe setzt sich wieder nach hinten. Die Reihe, in der das Startkind als Erstes wieder am Anfang sitzt, hat gewonnen.

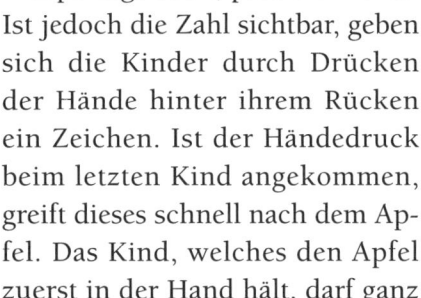

ALTER:	ab 4 Jahren
ANZAHL:	ab 6 Kindern
MATERIAL:	ein Apfel oder Tennisball, eine Münze, zwei Stühle mehr, als es Kinder sind
ZEIT:	etwa 10 Minuten
ORT:	überall

Dafür bekommst du die rote Karte

Wenn es Konflikte gibt, die anderen etwas nicht so machen, wie wir
es uns gewünscht hätten, stellt sich immer wieder die Frage:
Wie kann Kritik geäußert werden, ohne dabei die Person abzuwerten?

Die Familie oder Kindergruppe sitzt am Ende des Tages zusammen. Nun haben alle die Chance, Dinge, die sie im Laufe des Tages geärgert haben, loszuwerden. Dabei gelten folgende Regeln:

1. Die Kritik muss eine Ich-Botschaft sein.
2. Alle dürfen nur von sich sprechen und nicht über den anderen eine Aussage machen.
3. Wer eine Kritik äußert, muss auch etwas sagen, was er am anderen gut findet.

ALTER:	ab 4 Jahren
ANZAHL:	ab einem Kind
MATERIAL:	keines
ZEIT:	etwa 10 Minuten
ORT:	überall

So hat sich z.B. Nadine über ihre Erzieherin Sabine geärgert. Diese hatte ihr versprochen, heute die Blumen im Beet mit ihr einzupflanzen. Sabine war aber den ganzen Mittag in einer Besprechung. So dürfte Nadine sagen: »Sabine, ich habe mich geärgert, weil ich so gerne mit dir das Blumenbeet fertig machen wollte, und ich bin ganz enttäuscht, dass du dein Versprechen nicht gehalten hast. Dabei mache ich doch immer besonders gerne etwas mit dir, weil du so lustig bist.« Sie darf aber nicht sagen: »Sabine, nie hältst du deine Versprechen ein und ich finde dich doof, weil du es nicht gemacht hast.« Erst wenn alle ihre Ärgernisse losgeworden sind, löst sich die Runde auf.

Hinweis

Der Unterschied zwischen einer Ich-Botschaft und einem Vorwurf liegt darin, dass der Kritiker seinem Gegenüber vermittelt, was er fühlt. Das macht es leichter, die Kritik anzunehmen, weil sie sagt: »Ich fühle das.« Dieses Gefühl wurde zwar durch die Situation ausgelöst, für das Gefühl und seine Reaktion ist aber nur der Fühlende verantwortlich. So hat Sabine zwar ihr Versprechen nicht halten können, aber dass Nadine sich darüber ärgert, dafür kann Sabine nichts. Nadine hat grundsätzlich die Wahl, sich zu ärgern oder aber mit ihrer Freundin zu spielen und den Pflanztermin zu vertagen.

'nen Euro verloren

Kinder haben immer wieder einmal Schwierigkeiten, beim Spielen zu verlieren, ganz besonders dann, wenn es dabei auch noch um ihre Geschicklichkeit geht. Über das folgende Spiel entwickelt sich darüber vielleicht ein Gespräch.

Die Kinder stellen sich einige Meter vor der Wand auf. Nun wirft das erste Kind die Münze. Das zweite Kind soll versuchen, seine Münze so zu werfen, dass sie näher an der Wand liegen bleibt als die des ersten Werfers. Wer seine Münze am dichtesten an die Wand platzieren kann, ist Sieger. Nachdem die Kinder einige Runden gespielt haben, setzen sie sich zusammen. Sie erzählen sich, wie es war, als sie mal verloren und mal gewonnen haben.

ALTER:	ab 3 Jahren
ANZAHL:	ab 2 Kindern
MATERIAL:	für jedes Kind einen Euro
ZEIT:	etwa 10 Minuten
ORT:	überall, wo es einen glatten Boden und eine Wand gibt

- Was sind das für Gefühle?
- Bei wem ist es eher Ärger und bei wem Enttäuschung, die sich beim Verlieren einstellt?
- Wer ist mehr stolz und wer mehr froh, wenn er mal gewinnen kann?
- Wo im Körper sind diese Gefühle?
- Muss man sich immer ärgern, wenn man mal verliert?
- Können die Kinder etwas anders machen, wenn sie nun das Spiel nochmals spielen?

Das Zaubermittel

Die lustig illustrierte Geschichte erzählt von Kai. Kai ist ein echter Angsthase, der bereits ins Stottern gerät, wenn er nur mal ein Gedicht aufsagen soll. Das denkt Kai jedenfalls von sich. Sein Großvater ist da anderer Meinung, er findet Kai in Ordnung und glaubt fest daran, dass Kai eigentlich keine Versagensängste haben müsste. Deshalb besorgt er Kai ein Zaubermittel und bald erlebt Kai unglaubliche Veränderungen. Das Bilderbuch eignet sich für eine Reihe von Spielen und Übungen, die über mehrere Tage verteilt werden sollten.

Eine Erwachsene schaut mit den Kindern die Bilder im Buch an. Dabei fordert sie die Kinder auf zu erzählen, was auf den Bildern zu sehen ist und ob die Kinder ähnliche Situationen kennen. Anschließend liest sie die Geschichte vor und wenn die Kinder danach noch eigene Erfahrungen dazu erzählen wollen, sollte dafür Zeit sein.

Die Kinder erzählen sich anhand der Bilder noch einmal die Geschichte und überlegen gemeinsam, welche Situationen sie nachspielen wollen, und tun das, wenn sie Lust haben. Im Anschluss fordert die Erwachsene die Kinder auf, sich zu überlegen, was ihnen denn hilft, wenn sie Versagensängste haben oder auch, wer bzw. was sie trösten kann. Wer mag, kann malen, was ihm in solchen Situationen hilft. Ältere Kinder können nun die gleiche Szene noch einmal spielen und dabei eine gute Lösung für Kai erfinden, die nichts mit dem Zaubertrank zu tun hat.

Für ein Gespräch eignen sich u.a. folgende Fragen:

ALTER:	ab 3 Jahren
ANZAHL:	ab einem Kind
MATERIAL:	Bilderbuch (siehe Literaturtipp)
ZEIT:	immer wieder mal 10 bis 20 Minuten
ORT:	überall

- Wie finden die Kinder das, dass der Großvater Kai nur Wasser gibt und es trotzdem hilft?
- Warum braucht Kai denn nun noch einen Mutmachtiger?
- Wie hätte die Geschichte denn auch ausgehen können?
- Haben einzelne Kinder etwas zu Hause, was ihnen Mut macht?
- Haben die Kinder eine Idee, was der Großvater hätte anders machen können?
- Wenn die Kinder einen Zaubertrank zusammenstellen sollten, was würden sie hineintun?

Im Kreis herum

Konzentration und Geschicklichkeit sind hier gefragt. Doch merken die Kinder schnell, dass dies nicht alles ist. Behutsam müssen sie miteinander darauf achten, dass jeder gute Startbedingungen hat – nur so gelingt's!

Die Kinder sitzen in einem Kreis. Die Erwachsene gibt verschiedene Gegenstände auf unterschiedliche Weise weiter, z.B. den Ball mit den Füßen, die Streichholzschachtel mit der Nase, ohne die Hände dabei zu benützen, einen Tischtennisball auf zwei Fingerkuppen, den Wattebausch auf dem Boden blasend, einen Luftballon zwischen die Ellenbogen geklemmt.

Die Kinder reden im Anschluss über ihre Erfahrungen. Macht es Spaß, miteinander kooperieren zu müssen? Ist es anstrengend, so auf die anderen einzugehen? Wie fühlt es sich an, wenn man ganz vorsichtig ist und trotzdem mal ein Gegenstand auf den Boden fällt?

Hinweis

Die Erwachsene passt auf, dass die Kinder sich nicht gegenseitig die Schuld geben, wenn einmal etwas herunterfällt. Statt dessen versucht sie die Kinder anzuregen, sich zu überlegen, was sie anders machen könnten, damit es klappt.

ALTER:	ab 3 Jahren
ANZAHL:	ab 3 Kindern
MATERIAL:	verschiedene Gegenstände wie Watte, Luftballon, Streichholzschachtel, Tischtennisball
ZEIT:	etwa 5 Minuten
ORT:	überall

Vernetzung

Immer wieder ist es gut, wenn Kinder erleben können, dass das, was sie leisten, der gesamten Gruppe zugute kommt. Im folgenden Spiel ist es so, dass die kleineren Kinder, denen es nicht gelingt, den Ball zu fangen, von der Gruppe mit in das entstehende Netz eingebaut werden und so in Kürze auch eine »tragende« Rolle spielen können.

Die Kinder verteilen sich im Abstand von ca. zwei Metern. Für jedes Kind liegt dort ein aufgefaltetes Zeitungsblatt bereit, auf das es sich stellt. Jedes Kind hat neben sich eine weitere Zeitung liegen. Die Dose hält es in der Hand. Das erste Kind beginnt, indem es einem anderen Kind den Tennisball zuwirft. Dieses versucht ihn mit der Dose aufzufangen. Hat es den Ball gefangen, darf das werfende Kind ein neues Zeitungsblatt nehmen und es an das eigene anlegen.

ALTER:	ab 3 Jahren
ANZAHL:	ab 3 Kindern
MATERIAL:	Zeitungen, ein Tennisball, eine Konservendose für jedes Kind (den scharfen Rand vorher mit Klebeband abkleben)
ZEIT:	maximal 15 Minuten
ORT:	überall, wo Platz ist, am besten im Freien

Ziel ist es, alle Kinder so zu verbinden, dass sie auf Zeitungswegen zueinander laufen können. Dabei können die Wege zu den kleineren Kindern als Erstes gebaut werden. Damit kann ihnen der Ball in die Dose gelegt werden und sie selbst können den Ball so auch weitergeben, um damit an der Vernetzung direkt teilzuhaben.

Die Geschichte vom Tag

Um den Kindern immer wieder ins Bewusstsein zu rufen, dass Erfolg und Misserfolg zum Leben gehören, ist es notwendig, darüber auch im Gespräch zu bleiben.

Gegen Ende des Tages setzen sich die Erwachsenen mit den Kindern zusammen und alle erzählen sich gegenseitig, was sie während des Tages erlebt haben. Dabei liegt die Aufmerksamkeit darauf, was gelungen ist und was nicht.

- Was hat sie heute frustriert?
- Wie sind sie damit umgegangen?
- Hat es Tränen gegeben?
- Oder Wut?
- Gab es eine Lösung?
- Oder finden alle gemeinsam nun eine gute Idee, wie es gelingen kann?

Hinweis

Die Erwachsenen achten darauf, Misserfolge nicht zu bewerten, sondern immer wieder verständlich zu machen, dass sie zum Leben gehören und Chancen sind, um weiter zu lernen. So könnten die Erwachsenen zum Beispiel sagen: »Du bist also gar nicht zufrieden damit, dass es heute nicht geklappt hat mit dem freihändigen Fahrradfahren. Dabei habe ich gesehen, wie du immer wieder geübt hast und du beim Fahren schon viel sicherer geworden bist.«

ALTER:	ab 3 Jahren
ANZAHL:	ab einem Kind
MATERIAL:	keines
ZEIT:	10 Minuten
ORT:	an einem ruhigen und gemütlichen Platz

Das kannst du einfach super

Im Laufe der vorhergegangenen Spiele und Übungen wurden die Kinder häufig angeregt, sich selbst und ihr Können zu erleben oder es zu reflektieren. Auch mit den eigenen Grenzen konnten sie sich auseinander setzen. In der folgenden Übung geht es nun mehr um das Fremdbild, also darum, wie man selbst von den anderen Kindern eingeschätzt wird.

Die Kinder sitzen in einem Kreis. Jedes Kind überlegt sich nun eine Situation, die für es selbst schwierig ist.

Das erste Kind beschreibt dem Kind, das rechts von ihm sitzt, diese Situation ganz genau. Die anderen Kinder hören einfach zu. Nun überlegt sich das Nachbarkind, wer aus der Gruppe dem Kind in dieser Situation helfen könnte. Es nennt den Namen des Kindes und versucht dabei zu beschreiben, warum es gerade dieses wählt. Welche Eigenschaften hat es, die in dieser Situation hilfreich wären? Danach ist das nächste Kind an der Reihe.

Hinweis

Schön ist es, wenn es gelingt, dass Eigenschaften wie still sein und zuhören können genauso vorkommen wie stark sein usw.

ALTER:	ab 3 Jahren
ANZAHL:	ab 3 Kindern
MATERIAL:	keines
ZEIT:	mindestens 5 Minuten
ORT:	an einem ruhigen Platz

Literaturtipps

Weitere Literatur

Baum, Heike: *Starke Kinder haben's leichter. Spielerisch das Vertrauen in die eigene Kraft stärken.* Herder, Freiburg 1998

Solter, Aletha J.: *Auch kleine Kinder haben großen Kummer. Über Tränen, Wut und andere starke Gefühle.* Kösel, München 2000

Solter, Aletha J.: *Wüten, toben, traurig sein. Starke Gefühle bei Kindern.* Kösel, München 1994

Zimmer, Katharina: *Widerstandsfähig und selbstbewusst. Kinder stark machen fürs Leben.* Kösel, München 2002

Bilderbücher/Kinderbücher

Lobe, Mira/Weigl, Susi: *Das Kleine Ich bin ich.* Jungbrunnen, Wien/München 1986 (Originalausgabe 1972)

Jüngling, Christine/Wienekamp, Jann: *Das Zaubermittel.* Albarello, Wuppertal 2002

Spieletipp

Heike Baum: *Vier zu mir.* Schmidspiele, Berlin 1996 (Kinderspiel des Jahres 1996)